Las matemáticas básicas

Sumar y contar hacia adelante

Richard Leffingwell

Heinemann Library
Chicago, Illinois

Customer Service   888–454–2279
Visit our website at www.heinemannlibrary.com

Printed and bound in China by South China Printing Company Limited
Translated into Spanish and produced by DoubleO Publishing Services
Photo research by Erica Newbery

10 09 08 07 06
10 9 8 7 6 5 4 3 2 1

Library of Congress Cataloging-in-Publication Data
Leffingwell, Richard.
  [Adding and counting on. Spanish]
  Sumar y contar hacia adelante / Richard Leffingwell.
     p. cm. -- (Las matemáticas básicas)
  Includes index.
  ISBN 1-4034-9186-0 (hb - library binding) -- ISBN 1-4034-9191-7 (pb)
  1. Addition--Juvenile literature. 2. Counting--Juvenile literature. I. Title.
  QA115.L44818 2006
  513.2'11--dc22
                          2006028725

Acknowledgments
The author and publisher are grateful to the following for permission to reproduce
copyright material: Getty Images (Photodisc Red/Davies & Starr) p. **22**; Harcourt
Education Ltd (www.mmstudios.co.uk) pp. **4–21**, back cover

Cover photograph reproduced with permission of Harcourt Education Ltd
(www.mmstudios.co.uk)

Every effort has been made to contact copyright holders of any material reproduced
in this book. Any omissions will be rectified in subsequent printings if notice is given
to the publisher.

Contenido

¿Qué es sumar?....................4

Sumar creyones....................8

Sumar borradores..................12

Sumar bolas.......................15

Practicar cómo sumar 20

Prueba...........................22

El signo "más"....................23

Índice...........................24

¿Qué es sumar?

Cuando formas grupos de cosas, estás sumándolas.

Sumar te ayuda a saber cuántas cosas tienes.

Imagina que tienes 5 autos de juguete.

Alguien te da 2 más.

Junta los autos y cuéntalos.

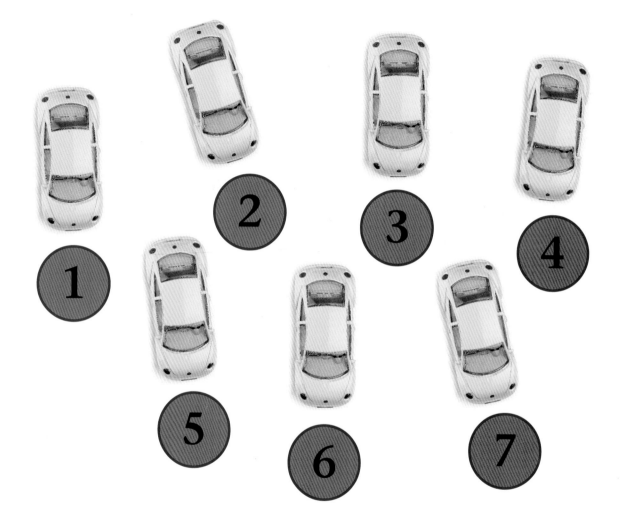

¿Cuántos tienes?

$$5 + 2 = ?$$

Tienes 7 autos.

$$5 + 2 = 7$$

Sumar creyones

$$4 + 2 = ?$$

Tienes 4 creyones y te dan 2 más.

¿Cuántos tienes si los sumas todos?

Cuenta los creyones uno a uno.

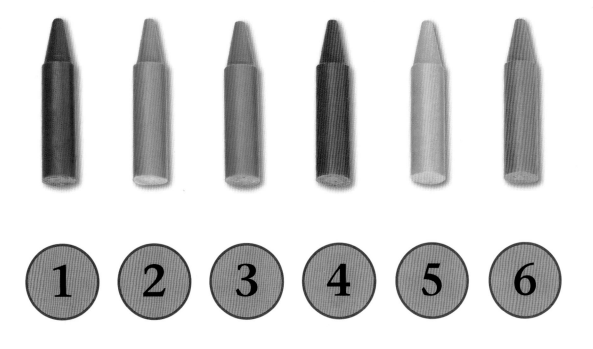

Tardas mucho en contarlos todos.

¿De qué otra forma puedes saber cuántos tienes?

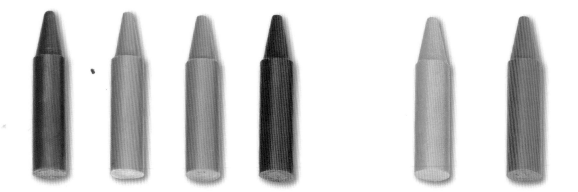

$$4 + 2 = ?$$

Empezaste con 4 creyones.

Sumaste 2 más.

Comienza con 4 y cuenta 2 más.

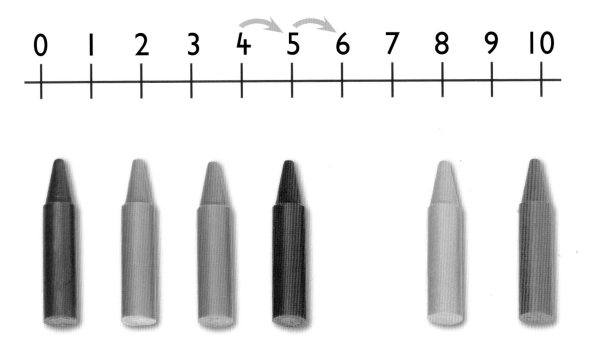

$$4 + 2 = 6$$

Empezar con lo que tienes y seguir contando las cosas nuevas se llama contar hacia adelante.

Sumar borradores

$$5 + 3 = ?$$

Tienes 5 borradores y encuentras
3 más.

Cuéntalos todos para saber
cuántos tienes.

0　1　2　3　4　5　6　7　8　9　10

Ahora prueba contar hacia adelante para saber cuántos tienes.

$$5 + 3 = ?$$

Comienza con 5 borradores.

Después cuenta 3 hacia adelante.

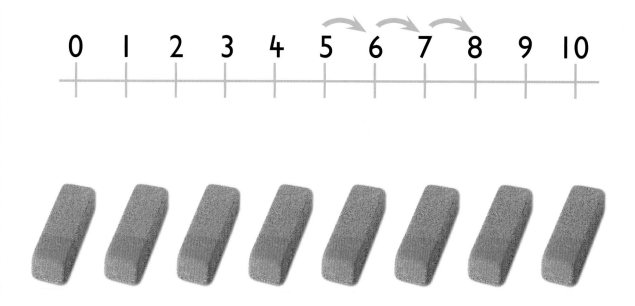

$$5 + 3 = 8$$

Tienes 8 borradores.

Puedes contarlos todos o contar hacia adelante para encontrar la respuesta.

¡Contar hacia adelante es mucho más rápido que contarlos todos!

Contar bolas

Tienes 6 bolas y alguien te da 4 más.

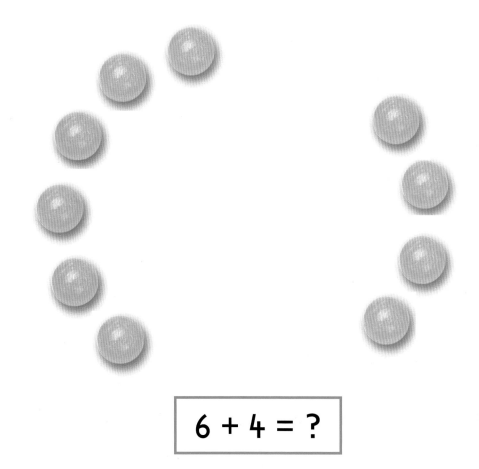

$$6 + 4 = ?$$

Cuenta hacia adelante para saber cuántas tienes.

0 1 2 3 4 5 6 7 8 9 10

Comienza con 6 y cuenta 4 hacia adelante.

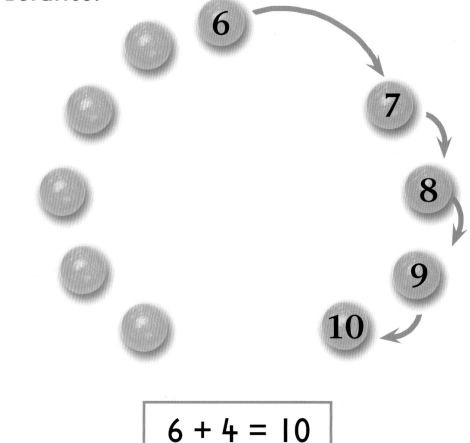

6 + 4 = 10

Tienes 10 bolas.

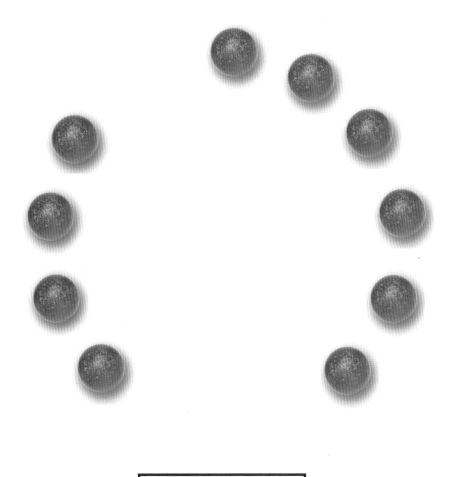

$$4 + 6 = ?$$

¿Qué pasaría si empezaras con 4 bolas
y sumaras 6 más?

¿Seguirías teniendo 10 bolas?

Comienza con 4 y cuenta
6 hacia adelante.

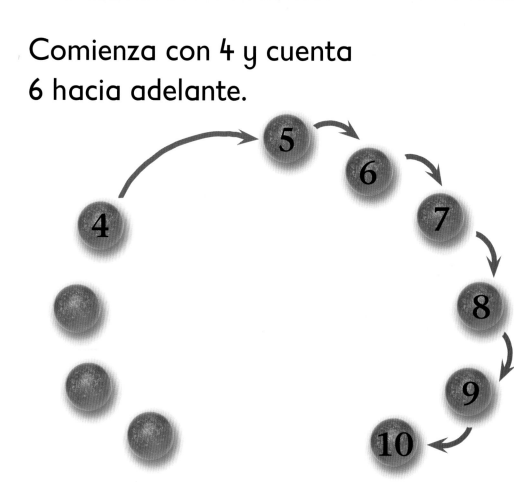

$$4 + 6 = 10$$

El número total de bolas es el mismo.

Puedes empezar con 6 bolas y sumar 4.

O puedes empezar con 4 bolas y sumar 6.

De las dos formas, tendrás
el mismo número.

Practicar cómo sumar

Sumar es como poner cosas en
una bolsa.

Puedes sumar cosas en cualquier orden.

Al final tendrás el mismo número.

$$5 + 2 = 7$$

Practica sumando tus juguetes.

¡Cuánto más practiques más fácil será sumar!

Prueba

Tienes 6 conchas marinas.

Alguien te da 3 más.

¿Puedes contar hacia adelante para saber cuántas conchas marinas tienes ahora?

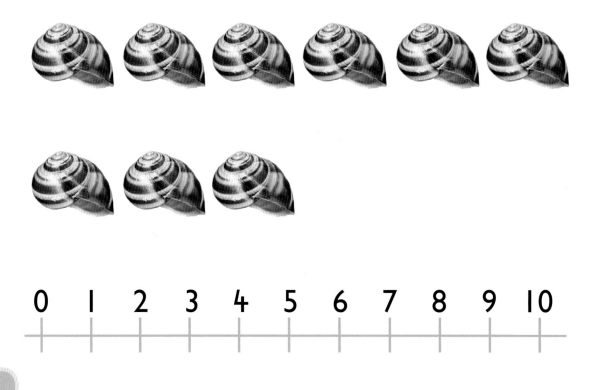

El signo "más"

| + | Usas este signo para mostrar que estás sumando números.

$$3 + 2$$

Cuando sumas 3 y 2, tienes 5.

| = | Usas el signo igual para mostrar cuánto es 3 más 2.

$$3 + 2 = 5$$

Índice

autos 5, 6, 7

bolas 15, 16, 17, 18, 19

borradores 12, 13, 14

conchas marinas 22

creyones 8, 9, 10

signos 23

Respuesta a la prueba de la página 22
Ahora tienes 9 conchas marinas.

Nota a padres y maestros

Leer textos de no ficción para informarse es parte importante del desarrollo de la lectura en el niño. Animen a los lectores a hacer preguntas sencillas y a usar el texto para hallar las respuestas. La mayoría de los capítulos en este libro comienzan con una pregunta. Lean juntos la pregunta. Fíjense en las imágenes. Hablen sobre cuál piensan que puede ser la respuesta. Después lean el texto para averiguar si sus predicciones fueron correctas. Para desarrollar las destrezas de investigación de los lectores, anímelos a pensar en otras preguntas que podrían hacer sobre el tema. Comenten dónde podrían hallar la respuesta. Ayuden a los niños a utilizar la tabla de contenido, el glosario ilustrado y el índice para practicar las destrezas de investigación y el vocabulario nuevo.